Activation de la Glande Pinéale

Comment utiliser votre troisième œil pour atteindre une conscience plus élevée

Alex McKenna

Paperback ISBN 978-1-966691-44-0
Hardcover ISBN 978-1-966691-45-7
Large Print ISBN 978-1-966691-46-4

Contents

Introduction

L'importance de la glande pinéale pour la santé et le bien-être général d'une personne est désormais largement reconnue dans les milieux médicaux. En plus d'affecter le cycle de sommeil de l'individu, la glande pinéale influence également directement des facteurs tels que l'humeur d'une personne, sa capacité de concentration et même ses capacités créatives. Par ailleurs, l'association entre la glande pinéale et le troisième œil dans les traditions hindoues et autres traditions mystiques lui confère une grande importance spirituelle. Ce livre explorera tous les aspects de la glande pinéale, révélant son rôle dans le bien-être physique, mental et spirituel d'une personne.

Par ailleurs, il abordera les symptômes d'une glande pinéale qui fonctionne mal, ainsi que les méthodes permettant de restaurer et de promouvoir la pleine santé de la glande pinéale. Lorsque vous aurez terminé de lire ce livre, vous aurez une compréhension plus approfondie du rôle de la glande pinéale dans votre vie ainsi que de l'importance de veiller à son bon fonctionnement.

Chapitre 1: Qu'est-ce que la glande pinéale?

De plus en plus de livres, d'articles et d'études sont publiés sur l'importance de la glande pinéale pour la santé et le bien-être général d'une personne. Afin de comprendre toutes ces nouvelles informations, il est d'abord nécessaire de découvrir ce qu'est réellement la glande pinéale. Étonnamment, il existe plusieurs réponses à cette question, selon la personne à qui vous la posez. Un médecin vous expliquera la glande pinéale en termes de biologie, tandis qu'un psychologue vous expliquera en quoi elle est un élément essentiel de la santé mentale d'une personne. De plus, une personne spirituelle vous expliquera l'importance que joue la glande pinéale en termes d'expérience spirituelle et de bien-être d'une personne. Ce chapitre se concentrera sur la nature physique et biologique de la glande pinéale, révélant son rôle dans votre santé physique en fournissant des substances chimiques indispensables pour aider à réguler les fonctions corporelles essentielles.

Le système endocrinien

En tant que glande, la glande pinéale fait partie du système endocrinien. Ce système est responsable de la production, de la distribution et du contrôle des substances chimiques dans le corps. Ces substances chimiques affectent toutes les fonctions corporelles, y compris le sommeil, les cycles de reproduction, la digestion, les niveaux d'énergie, la guérison et presque tout ce qui concerne le fonctionnement de l'organisme. En fin de compte, chaque fonction corporelle nécessite un stimulus chimique et ce stimulus est produit par une glande du système endocrinien.

La plupart des gens négligent souvent l'importance du système endocrinien. En termes simples, lorsque le système endocrinien est sain et fonctionne correctement, une personne égards bénéficie d'une santé optimale et d'un bien-être général. Elle se sentira constamment énergique, forte et concentrée. Si elle se blesse, son corps combattra l'infection tout en guérissant rapidement les os, les tissus, les muscles et la peau. La production de globules rouges sera forte et saine, tout comme la production d'hormones. En revanche, lorsque le système endocrinien fonctionne mal, une personne sera plus susceptible aux infections, aura des cycles de sommeil irréguliers, deviendra lunatique et sera incapable de se concentrer ou de penser clairement.

Le plus souvent, ces maladies sont traitées par des médicaments sous une forme ou une autre. Bien que la plupart des gens pensent que les médicaments fournissent directement les éléments nécessaires pour soulager la douleur, l'infection, et autres symptômes la vérité est que la plupart des médicaments agissent pour corriger le système endocrinien, permettant au corps de produire les substances chimiques nécessaires pour résoudre le problème en question. Par conséquent, c'est le système endocrinien, et non la pharmacie, qui joue un rôle clé dans la guérison chaque maladie, blessure et douleur dans le corps humain.

Le rôle de la glande pinéale

Située presque au centre du cerveau, la glande pinéale est très petite, mesurant en moyenne entre 5 et 9 millimètres de long. Sa forme en pomme de pin la rend facile à repérer et est à l'origine du nom « pinéale » (terme latin pour pomme de pin). Contrairement au reste du cerveau, la glande pinéale n'est pas protégée par la barrière hémato-encéphalique. Cela la rend beaucoup plus vulnérable aux dommages causés par des facteurs négatifs tels que la pollution, le tabagisme, les mauvaises habitudes alimentaires, etc. L'un des faits les plus étonnants concernant cette glande est qu'elle contient un tissu rétinien similaire à celui de l'œil. De plus, elle est connectée au cortex visuel, ce qui lui permet de réagir aux niveaux de lumière et d'obscurité. Il n'est donc pas surprenant que le nom spirituel de la glande pinéale soit le troisième œil.

La glande pinéale est responsable de la production de mélatonine. Il s'agit du principal produit chimique régulant des cycles de sommeil, des rythmes circadiens, du système immunitaire et de l'humeur d'une personne. Lorsqu'elle fonctionne correctement, une personne aura un sommeil régulier et réparateur, une meilleur résistance aux infections et aux maladies courantes, ainsi qu'une humeur équilibrée moins sujette à l'irritabilité, à la peur ou à la dépression. Certaines études ont indiqué que la glande pinéale pourrait en fait être responsable de la créativité d'une personne. Cela suggère que les artistes, les musiciens et les grands penseurs ont une glande pinéale très forte et dynamique.

Les rythmes circadiens

Un autre rôle essentiel de la glande pinéale est de maintenir le rythme circadien d'une personne. Bien que ce terme puisse sembler musical, il s'agit en fait de l'horloge biologique d'une personne synchronisée avec la rotation de la Terre autour du Soleil. C'est pourquoi la glande pinéale possède la capacité de réagir à la lumière et à l'obscurité. Lorsque la glande pinéale détecte une forte lumière, elle produit moins de mélatonine que lorsqu'elle détecte un environnement plus sombre. Cela est dû au fait que la glande pinéale est programmée pour réagir aux conditions du jour et de la nuit. Elle produit davantage de mélatonine dans l'obscurité, car le moment naturel du sommeil d'une personne est la nuit.

Malheureusement, les gens adoptent souvent des pratiques qui entravent le bon fonctionnement de la glande pinéale. Avoir une lumière vive dans votre chambre pour lire en est un exemple. Lorsque votre glande pinéale détecte une lumière vive, elle produit moins de mélatonine. Ce qui rend l'endormissement plus difficile . De plus, en portant des lunettes de soleil pendant la journée, peux potentiellement augmenter la production de mélatonine, provoquant une sensation générale de somnolence et de léthargie. Ce n'est que lorsque la glande pinéale reçoit la quantité appropriée de lumière pendant la journée et la nuit qu'elle parvient à réguler correctement les niveaux de mélatonine.

Bien que le sommeil soit la fonction principale associée aux rythmes circadiens, ce n'est pas la seule. Ces rythmes ont également un impact sur les fonctions reproductrices d'une personne. Cela peut affecter l'appétit sexuel d'une personne ainsi que sa capacité à tomber enceinte. Les habitudes alimentaires d'une personne sont également directement liées aux rythmes circadiens. Les besoins nutritionnels de votre corps dépendent de l'heure de la journée ainsi que des activités effectuées. Les personnes les plus saines sont celles qui mangent a la mêmes heure tous les jours et qui ne mangent pas tard le soir. En effet, le corps est capable de traiter les aliments plus efficacement de cette façon, ce qui évite la prise de poids et augmente la production d'énergie.

Chapitre 2: La glande pinéale et le troisième œil

En plus de posséder des caractéristiques physiques qui la relient à l'œil biologique, la glande pinéale possède de nombreuses qualités spirituelles, qui lui ont valu le nom bien connu de « troisième œil ». Les religions et les traditions du monde entier ont utilisé un symbolisme qui peut être directement ou indirectement lié à la glande pinéale. Le degré de compréhension des anciens concernant son rôle et la fonction de la glande pinéale reste un mystère. Cependant, il semble y avoir plusieurs nombre de preuves suggérant qu'ils avaient au moins une idée de la façon dont elle affectait l'humeur, la créativité, le cycle des rêves et même certaines capacités psychiques d'une personne. En conséquence, la santé du troisième œil était directement liée à la santé et au bien-être de l'âme d'une personne. Cette croyance reste pertinente dans de nombreuses traditions aujourd'hui, faisant de la glande pinéale l'une des caractéristiques spirituelles les plus importantes du corps humain.

Le chakra du troisième œil

Semblable au système endocrinien, les anciens hindous reconnaissaient un système énergétique centré sur une personne, connu sous le nom de chakras. Le terme chakra vient du mot sanskrit signifiant roue, qui représente la manière dont ces centres énergétiques étaient perçus. Chaque chakra était responsable d'un type particulier d'énergie, influençant des aspects spécifiques de la vie d'une personne à la fois en termes physiques et spirituels. En fait, il y avait peu de différence dans l'esprit hindou entre la santé physique et spirituelle, car l'une affectait directement l'autre.

La glande pinéale est le sixième des sept chakras, située le long d'un axe qui traverse le centre du corps d'une personne de l'aine jusqu'au sommet de la tête. Elle est représentée juste entre les sourcils, à peine au-dessus des yeux physiques d'une personne. Connu sous le nom de chakra du troisième œil, c'est là que l'énergie permettant de percevoir le monde spirituel était créée et gérée. Un chakra malade ou déséquilibré entraînerait de faibles niveaux d'énergie, provoquant un manque de clarté de pensée, d'imagination, d'intuition et de perspicacité spirituelle. En effet un chakra du troisième œil défectueux gardait une personne ancrée dans la réalité physique et pratiquement aveugle au monde spirituel. Il est donc essential de garder ce chakra pur, sain et pleinement fonctionnel.

Le siège de l'âme

La dimension spirituelle de la glande pinéale a également trouvé son chemin dans les cultures occidentales d'une manière très réelle et significative. Le philosophe français du XVIIe siècle René Descartes la désignait à la glande pinéale comme étant le siège de l'âme. Il croyait que c'était là que résidait l'esprit d'une personne, au centre même du cerveau. Il est possible que sa référence soit le résultat du fait que de nombreuses religions utilisaient la pomme de pin comme symbole de la divinité et de la spiritualité. Le symbole de la pomme de pin apparaît dans des cultures telles que la Grèce, Rome, Égypte, chez les Aztèques, les Hindou et bien d'autres, remontant aux origines profondes de l'histoire humaine. Le fait que la glande pinéale soit à la fois formée et nommée d'après la pomme de pin n'aurait pas échappé à l'attention d'un grand penseur comme Descartes.

De nombreuses autres personnes ont envisagé la signification possible du symbolisme de la pomme de pin dans presque toutes les grandes religions connues de l'homme. Le fait qu'une partie du cerveau ait pris cette forme revêtait une importance considérable. Après tout, l'une des questions les plus importantes posées à travers les âges était la relation entre l'âme et le corps. Où se situe l'un dans l'autre? Bien que cette question n'ait pas encore reçu de réponse définitive, la glande pinéale pourrait bien offrir la meilleure solution envisagée jusqu'à présent. Après tout, l'âme était généralement associée à des choses telles que l'humeur, l'imagination, les rêves et l'étincelle créatrice. Par conséquent, puisque la glande pinéale est responsable de ces fonctions, il était logique que ce soit le siège virtuel de l'âme.

La passerelle entre le corps et l'âme

Des termes tels que « siège de l'âme » et « troisième œil » peuvent faire de la glande pinéale une connotation purement spirituelle. Une telle notion, bien que techniquement vraie, saperait considérablement l'importance de la glande pinéale. En réalité la glande pinéale est le point où les deux mondes de la matière et de l'esprit entrent en collision. Dans cette optique, la glande pinéale peut être considérée comme la passerelle entre le corps et l'âme. C'est donc là le lieu où leur relation symbiotique entre le corps et l'âme peut être le mieux vécue.

Cette relation peut être constatée dans le fait que la santé physique et le bien-être peuvent avoir un impact sur l'âme et inversement. D'une part, lorsque vous vous adoptez certains comportements et activités nuisibles, qui seront abordés plus loin dans le livre, les performances de votre glande pinéale peuvent en souffrir. En conséquence, votre santé mentale et spirituelle en souffrira également. Par ailleurs, lorsque vos activités spirituelles sont négatives ou insuffisantes, votre bien-être physique en sera affecté. Ce n'est pas seulement une question de croyance spirituelle ou de conjecture mystique; C'est une conclusion soutenue par des parvenus des professionnels de la santé et des psychologues du monde entier.

Il est intéressant de noter que, tout comme les activités nuisibles à une extrémité du spectre affectent négativement l'autre extrémité, les comportements positifs peuvent également avoir un impact tout aussi positif. Ainsi, si vous commencez à manger des aliments sains et à pratiquer d'autres activités physiques pour améliorer la santé de votre glande pinéale, votre bien-être mental et spirituel s'améliorera. Par ailleurs, si vous commencez à vous adoptez dans des activités mentales et spirituelles positives et enrichissantes, vous améliorerez votre condition physique. Cette relation entre la réalité spirituelle et physique pourrait bien être la plus grande merveille de la glande pinéale et des fonctions qu'elle exerce.

Chapitre 3: Les résultats de la stimulation de la glande pinéale

Si certains voient la glande pinéale comme le troisième œil mystique d'un être vivant, celui qui peut voir au-delà de la réalité physique, d'autres la voient simplement en termes d'importance physiologique et psychologique. Dans tous les cas, une glande pinéale en bonne santé aura des avantages considérables pour la santé et le bien-être général d'une personne. Que vous cherchiez à améliorer vos cycles de sommeil, un état d'esprit plus stable ou une expérience spirituelle plus profondes, une glande pinéale en bonne santé peut vous aider à atteindre tous ces résultats. Ce chapitre explorera certains des avantages les plus importants de la stimulation de la glande pinéale, y compris les effets physiques, mentaux et spirituels de cette stimulation.

Effets physiques

Comme mentionné précédemment, l'une des principales fonctions de la glande pinéale est de produire de la mélatonine. ce qui a un impact direct sur le cycle de sommeil d'une personne chaque jour. Cependant, cela ne signifie pas uniquement le moment où une personne s'endort et se réveille. Le fait est qu'une personne traverse plusieurs cycles de sommeil au cours d'une seule nuit, allant du sommeil léger au sommeil profond et tout ce qui se trouve entre les deux. Ce n'est que lorsqu'une personne vit les différents cycles dans leurs proportions correctes qu'elle se sent reposée à la fois physiquement et mentalement au réveil. Ce n'est pas toujours la quantité de sommeil qui cause la fatigue et un esprit lent, mais la qualité du sommeil qu'une personne obtient. c'est là que la stimulation de la glande pinéale peut être d'une réelle valeur.

La mélatonine produite par la glande pinéale permet non seulement à une personne de s'endormir, mais régule également la qualité de son sommeil. Ainsi, lorsque la glande pinéale fonctionne correctement, elle produira et libère la quantité exacte de mélatonine pour assurer une bonne nuit de sommeil avec toutes les propriétés réparatrices et régénératrices nécessaires. Bien qu'il soit possible de recourir à des somnifères et même à des suppléments de mélatonine pour améliorer son sommeil, la vérité est que rien n'est meilleur que la production et la distribution naturelles de mélatonine. Seule la glande pinéale peut assurer cela. Par conséquent, en stimulant la glande pinéale, vous vous assurerez que votre sommeil est régulé de manière à maximiser ses effets sur votre bien-être physique et mental.

Effets mentaux

Il va sans dire que la qualité du sommeil d'une personne aura un impact direct et très significatif sur son état d'esprit. Par conséquent, lorsque vous stimulez la glande pinéale et obtenez un sommeil de meilleure qualité, vous commencerez à ressentir un meilleur état d'esprit dans presque tous les domaines. L'une des premières choses que vous remarquerez est une plus grande clarté de pensée. En effet, vous n'aurez pas la paresse brumeuse qui est courante chez les personnes souffrant de troubles du sommeil ou qui sont généralement privées de sommeil. Au contraire, vous pourrez vous concentrer pendant des périodes plus longues, comprendre de nouveaux concepts plus rapidement et plus profondément et être capable de résoudre des problèmes avec une plus grande efficacité. Toutes ces qualités mentales sont directement associées au sommeil, donc plus vous dormez bien, meilleures seront vos capacités mentales.

Un autre avantage mental d'une glande pinéale stimulée est une humeur plus stable. Cela est dû à des niveaux chimiques équilibrés, en particulier la mélatonine et la sérotonine. Lorsque ces substances chimiques sont déséquilibrées chez une personne, elle souffrira généralement de sautes d'humeur sévères, passant rapidement de l'euphorie à la rage en un clin d'œil. Bien que cela puisse sembler être le résultat d'une maladie plus grave, il s'agit souvent simplement d'un dysfonctionnement de la glande pinéale. Une fois la glande pinéale stimulée, ces substances chimiques commenceront à atteindre leurs niveaux appropriés, ce qui entraînera une humeur plus stable et prévisible pour l'individu.

Enfin, il y a l'avantage d'une imagination et d'une créativité accrues. Si vous avez déjà participé à un projet créatif, vous avez probablement vécu un moment où votre imagination semblait se heurter à un mur. Le plus souvent, c'était probablement lorsque vous étiez épuisé physiquement. Ce n'est pas une simple coïncidence. Le fait est que votre glande pinéale peut produire soit trop ou trop peu d'une substance chimique particulière, ce qui entraîne de la fatigue plutôt qu'un talent artistique. Cependant, lorsque vous restaurez la pleine santé et la vitalité de votre glande pinéale, vous constaterez que votre créativité est plus forte, plus claire et plus durable.

Effets spirituels

En termes d'effets spirituels, les bienfaits d'une glande pinéale stimulée sont presque illimités. L'effet le plus important est peut-être que vous aurez un plus fort sentiment d'empathie et d'appartenance au monde qui vous entoure. Le plus souvent, lorsqu'une personne souffre d'une altération des performances de la glande pinéale, elle éprouve un sentiment de séparation des personnes et des lieux qui l'entourent. Cela peut amener une personne à se sentir seule même lorsqu'elle est parmi ses amis et ses proches. Cependant, lorsque la fonction de la glande pinéale est restaurée, ce sentiment de séparation disparaît, laissant la place à un sentiment d'appartenance et de connexion au monde.

L'intuition est un autre facteur clé de la santé de la glande pinéale. Lorsque votre glande pinéale fonctionne de manière forte et saine, vous constaterez que vous disposez d'une quantité presque illimitée de connaissances innées. Cela peut inclure des éléments tels que de fortes premières impressions des gens, une idée de ce que les autres pensent et même une idée d'événements qui n'ont pas encore eu lieu. Quoi qu'il en soit, lorsque votre glande pinéale est active, vous serez capable de voir au-delà de ce que les sens physiques peuvent percevoir, ce qui vous permettra d'accéder des informations précieuses au moment où elles peuvent être particulièrement utiles aux décisions que vous prenez.

Enfin, il y a l'aspect des rêves et d'autres activités non physiques. Encore une fois, puisque la glande pinéale est un élément essentiel du cycle du sommeil, il va de soi qu'elle aurait également un impact sur la qualité et la quantité des rêves. Des études ont montré que les personnes dont l'activité de la glande pinéale est saine auront des rêves plus clairs, plus longs et plus intenses que celles dont la santé de la glande pinéale est moins performante. De plus, les rêves lucides sont plus fréquents chez les personnes dont la glande pinéale est stimulée. C'est une autre raison pour laquelle la glande pinéale est considérée comme le siège de l'âme, car elle influence direct sur la capacité d'une personne à vivre des expériences dans l'environnement qui échappe à la réalité physique.

Chapitre 4: Méthodes pour ouvrir le troisième œil

Après avoir exploré les différents résultats obtenus de la stimulant de la glande pinéale, vous voudrez sans doute savoir ce que vous devez faire pour que votre glande pinéale fonctionne à nouveau à des niveaux optimaux. Après tout, qui ne désirerait pas un meilleur sommeil, des pensées plus claires et des rêves vivants? Heureusement, il existe plusieurs moyens de restaurer la santé et la vitalité de votre glande pinéale, qui peut grandement améliorer ses performances. Ce chapitre se concentrera sur les méthodes spirituelles pour ouvrir votre troisième œil. En pratiquant certaines ou toutes ces méthodes, vous commencerez à remarquer de vastes améliorations de votre santé et de votre bien-être physique, mental et spirituel. Le plus intéressant, c'est que ces méthodes sont relativement simples et faciles à mettre en œuvre.

Méditation et chant

Ce livre a déjà souligné que la glande pinéale est considérée par beaucoup comme la passerelle entre les mondes spirituel et physique. Par conséquent, lorsque votre glande pinéale est physiquement forte, votre existence spirituelle l'est également. Cependant, comme pour toute passerelle, il s'agit d'une voie à double sens. En d'autres termes, vous pouvez réellement améliorer la santé physique de votre glande pinéale en vous concentrant sur des exercices spirituels. Cette méthode vous permet de transformer une forte santé spirituelle en une forte santé physique.

L'une des pratiques les plus courantes pour atteindre cet objectif est la méditation. En méditant, vous développez votre capacité à vous concentrer sur votre vision intérieure. En réduisant l'apport de vos sens physiques, vous augmentez l'apport de vos sens spirituels, plus particulièrement de votre troisième œil. Cela renforcera votre glande pinéale de la même manière que soulever des poids renforce les muscles. Ainsi, plus vous vous concentrez sur votre troisième œil, plus il deviendra puissant, ce qui améliorera conséquence le fonctionnement de la glande pinéale.

Une autre méthode pour ouvrir le troisième œil est le chant. S'il est vrai que la glande pinéale réagit à la lumière, il est également vrai qu'elle réagit également aux vibrations. Ce phénomène est bien documenté dans la tradition hindoue des chakras. Chaque chakra réagit à différentes couleurs, odeurs et vibrations. Par conséquent, lorsque vous appliquez les stimuli appropriés, vous pouvez augmenter la force et la performance d'un chakra spécifique. Les vibrations peuvent provenir de l'extérieur du corps, par exemple sous la forme de musique, de mouvement ou même de battements de tambours. Cependant, la forme de vibration la plus efficace provient de l'intérieur du corps, et cela s'obtient en chantant des tons ou des mots spécifiques à un rythme particulier. En pratiquant le bon chant, vous pouvez stimuler la glande pinéale, et ainsi ouvrir votre troisième œil.

Obtenir la bonne lumière

En plus des vibrations, la lumière est un stimulant efficace pour le bon fonctionnement de la glande pinéale. C'est pourquoi il est si important de réguler la lumière que vous recevez à différents moments de la journée. Lorsque vous vous exposez à une lumière intense tard le soir, vous faites croire à votre glande pinéale qu'il fait jour, diminuez ainsi la production de mélatonine. À l'inverse, lorsque vous portez des lunettes de soleil pendant la journée, vous diminuez la lumière que vos yeux reçoivent, ce qui fait croire à votre glande pinéale qu'il est plus tard qu'il ne l'est en réalité. Cela entraîne une augmentation de la production de mélatonine, provoquant ainsi somnolence et paresse. L'astuce pour améliorer les performances de la glande pinéale, et ainsi ouvrir le troisième œil, est de s'assurer que vous recevez la bonne lumière au bon moment.

La première façon de garantir une lumière adéquate pour ouvrir le troisième œil est de veiller à ce que votre chambre soit totalement sombre la nuit. Des rideaux épais aideront à réduire la lumière qui remplit votre pièce de l'extérieur, comme dans le cas des phares de voiture ou des lampadaires. De plus, en retirant les appareils électroniques de votre chambre, vous éliminerez toute lumière émise par les voyants d'alimentation, les chiffres des horloges ou toute autre source de lumière qui diminuerait l'obscurité de votre pièce. Des études ont montré que même la plus petite lumière peut interférer de manière très significative avec les habitudes de sommeil d'une personne, en altérant la qualité du sommeil qu'elle obtient et les rêves qu'elle vit. Étant donné que les rêves sont une part essentielle de l'expérience du troisième œil, vous voudrez maximiser votre potentiel pour obtenir les meilleurs rêves possibles.

Enfin, il est important de permettre à vos yeux de recevoir la lumière naturelle pendant la journée. En effet, pour que votre glande pinéale fonctionne avec une efficacité optimale, elle doit se reposer pendant une durée appropriée chaque jour. La lumière du soleil réduit l'activité de la glande pinéale, lui offrant ainsi le temps d'arrêt dont elle a besoin pour être forte et en bonne santé. Chaque fois que vous portez des lunettes de soleil, vous bloquez ce stimulus, perturbant ainsi le cycle de sommeil de la glande même responsable de la régulation de votre cycle de sommeil. Par conséquent, évitez de porter des lunettes de soleil (sauf pour conduire) et laissez vos yeux profiter de la lumière naturelle.

Chapitre 5: Interagir avec le troisième œil

Une fois que vous avez terminé le processus d'ouverture de votre troisième œil, il est essentiel que vous commenciez à l'utiliser de manière consciente. D'une certaine manière, ouvrir votre troisième œil, c'est comme apprendre une autre langue. Si vous aviez une autre langue à votre disposition, vous voudriez sortir et l'utiliser aussi souvent que possible. Vous trouveriez des endroits où les gens parlent cette langue, regarderiez des émissions de télévision dans cette langue et feriez tout ce que vous pouvez pour perfectionner vos compétences et devenir plus fluide. C'est précisément ce que vous voulez faire avec vos compétences en matière de troisième œil. Ce chapitre proposera plusieurs façons d'interagir avec votre troisième œil, de le renforcer ainsi tout en développant de nouvelles compétences que vous pourrez appliquer à votre vie quotidienne.

Ouvrir votre esprit

L'impact du troisième œil sur l'imagination et la visualisation est considérable. En effet, les personnes qui manquent d'imagination ont probablement des glandes pinéales sous-performantes. Cependant, une fois que vous aurez éveillé votre troisième œil, vous commencerez à percevoir une richesse de pensées, d'idées et d'images dans votre esprit, apportant un tout nouveau niveau d'imagination à votre vie. Au début, vous ne savez peut-être pas comment gérer cette nouvelle source d'images et d'idées, mais avec un peu de pratique, vous pouvez trouver des moyens d'enrichir votre vie avec le matériel qu'elle offre.

Votre imagination deviendra plus claire, plus riche et plus facilement accessible une fois votre troisième œil ouvert. L'astuce consiste à utiliser votre imagination aussi souvent que possible afin de maintenir une bonne santé du troisième œil. Une façon d'y parvenir est de commencer à résoudre les problèmes en sortant des sentiers battus. Ce terme est utilisé pour décrire une personne qui ne s'appuie pas sur des solutions traditionnelles aux problèmes. Lorsque vous commencerez à imaginer des solutions, vous découvrirez des idées que d'autres n'ont jamais envisagées. Non seulement ces idées s'avéreront les meilleures pour la situation en question, mais elles créeront également des opportunités pour d'autres idées créatives à mettre en pratique. Au final, vous serez respecté pour votre capacité à évoquer des solutions auxquelles la plupart des gens n'auraient jamais pensé.

Une autre bonne pratique consiste à étudier les symboles et leur signification. Les symboles sont utilisés pour susciter des réponses émotionnelles chez une personne, c'est pourquoi ils sont aussi efficaces. Par exemple, les symboles religieux, transmettront des messages profonds et riches sans recourir un seul mot. Cette forme de communication repose fortement sur un troisième œil actif et sain. Ceux qui manquent de perspicacité ne verront que l'image physique et rien de plus. Cependant, lorsque votre troisième œil est ouvert, vous pourrez acquérir une compréhension et une signification de symboles que vous n'avez jamais vus auparavant. C'est pratiquement comme apprendre une nouvelle langue, sauf que vous découvrirez qu'elle vous est déjà familière.

Puiser dans la sagesse divine

Une autre forme de ce langage spirituel est la divination. À première vue, vous pourriez être tenté de ridiculiser la notion de divination, la considérant comme une arnaque où les personnes demandent de l'argent pour raconter des choses qui peuvent ou non se réaliser. Malheureusement, c'est un problème courant, qui donne une image très négative de la divination en général. Cependant, il existe un aspect très réel et sacré de la divination, que les praticiens connaissent très bien. Une fois que vous aurez ouvert votre troisième œil, vous commencerez à ressentir ce phénomène, que vous y croyiez ou non.

La raison en est que la véritable divination est une extension de l'intuition. Puisque le troisième œil vous permet d'accéder à la sagesse divine, vous avez déjà accès à des informations qui vont au-delà de ce que vos sens physiques peuvent percevoir. Toute forme de divination servira à présenter cette intuition de manière tangible. Elle agit comme un outil qui projette l'intuition dans le monde physique. Les cartes de tarot ne savent pas ce que l'avenir nous réserve, mais votre intuition le sait, et c'est cette intuition qui guide le tirage des cartes. Telle est la véritable nature de la divination. Il s'agit de la communication physique entre votre esprit intuitif et votre esprit conscient.

L'astuce consiste à trouver une forme de divination qui vous convient. Bien que toutes les formes de divination aient le potentiel de remplir la même fonction, elles n'offriront pas nécessairement la même expérience à l'utilisateur. Certaines personnes s'en sortent mieux avec des cartes, qu'il s'agisse de cartes de tarot, de cartes à jouer ou d'autres type. D'autres trouvent que l'utilisation de petits objets comme des pièces de monnaie, des runes ou autres offre une expérience plus significative et plus fiable. La chose importante à retenir est qu'il n'y a aucune honte à essayer plusieurs formes avant de trouver celle qui vous convient. Une fois que vous aurez trouvé votre méthode de divination, vous serez capable de trouver des réponses à presque toutes les questions avec beaucoup de compétence, de précision et de facilité.

Rêves, rêves lucides et expériences surnaturelles

Une autre façon d'interagir avec le troisième œil est de l'utiliser comme passerelle entre les mondes qu'il relie. Vous pouvez l'utiliser pour transférer votre subconscient dans le monde physique, comme dans le cas des rêves, ou pour transférer votre esprit conscient dans le monde spirituel, comme dans le cas des rêves lucides et des expériences surnaturelles telles que la projection astrale. Un troisième œil ouvert augmentera la quantité et la qualité de vos rêves, vous offrant une expérience merveilleuse chaque nuit pendant votre sommeil. Certains de ces rêves seront le fruit de votre imagination éveillée, créant une expérience divertissante et palpitante. D'autres, cependant, peuvent être le reflet de votre intuition accrue. De tels rêves se révéleront souvent prophétiques, vous offrant un aperçu d'un événement, d'une rencontre ou d'une expérience qui n'a pas encore eu lieu. Une excellente manière d'améliorer la maîtrise de vos rêves est de tenir un journal de rêves dans lequel vous enregistrez vos expériences oniriques.

Les rêves lucides sont ceux dans lesquels vous prenez conscience que vous rêvez. La capacité de s'éveiller dans un rêve vous donne l'opportunité d'explorer le monde des rêves avec un but et une intention, plutôt que de simplement laisser vos rêves vous emmener où ils veulent. De plus, vous pouvez réellement créer le rêve que vous faites une fois que vous êtes devenu lucide. Vous pouvez choisir de voler vers des endroits exotiques et lointains, de parler à des personnes célèbres, de vous détendre sur une île tropicale ou de faire tout ce que votre esprit peut concevoir. Plus vous deviendrez doué pour le rêve lucide, plus vos rêves lucides deviendront riches et excitants. Dans de nombreuses traditions anciennes, ainsi que dans plusieurs traditions modernes, le rêve lucide était considéré comme une expérience consciente dans le monde spirituel, une expérience qui offre des possibilités infinies.

Le voyage astral est un exemple d'expérience d'un autre monde que vous pouvez vivre une fois que votre troisième œil est ouvert et fort. Il s'agit d'une expérience similaire au rêve lucide, mais qui se déroule dans le monde physique., Autrement dit, votre esprit conscient quitte de votre corps et devient présent ailleurs, même lorsque que vous êtes éveillé. De nombreux témoignages rapportent que des personnes sont capables de détecter, voire de voir, le corps astral de la personne dans de tels cas ; cependant, l'image astrale soit généralement invisible. Cela pourrait être lié au fait que les autres personnes présentes ont leur troisième œil ouvert ou non. Toutefois, lorsque votre troisième œil est éveille, vous pourrez explorer ces phénomènes d'un autre monde. La projection astrale n'est pas une compétence facile à développer, mais elle vaut bien le temps et les efforts nécessaires.

Chapitre 6: Les dangers de la calcification

L'un des plus grands dangers pour la glande pinéale est une affection appelée calcification. Il s'agit d'une accumulation de cristaux de phosphate de calcium, qui recouvrent la glande pinéale entravent son bon fonctionnement. Toute personne vivant dans une région où l'eau est classée comme dure sait à quoi ressemble cette accumulation. Les robinets, les bouilloires électriques et autres appareils similaires développent une couche blanche de dépôts minéraux qui peuvent obstruer le débit d'eau, endommager les éléments chauffants et créer d'autres problèmes si rien n'est fait. C'est exactement le même phénomène qui se produit avec la glande pinéale lorsqu'elle se calcifie. Ce chapitre explore les symptômes et les causes de la calcification, ainsi que les méthodes permettant d'inverser ses effets.

Symptômes de la calcification

Les symptômes de la calcification de la glande pinéale touchent tous les domaines de la santé et du bien-être. Sur le plan physique, une personne souffrant de calcification peut connaître une prise de poids, des problèmes de circulation, des troubles rénaux et thyroïdiens, des troubles digestifs et même une vision altérée. Un autre symptôme physiologique est un cycle circadien perturbé. Cela se traduit par des difficultés à s'endormir la nuit ou à se réveiller le matin. Bien que chacun de ces symptômes puisse avoir de nombreuses autres causes, lorsque plusieurs ou tous sont ressentis en même temps, cela indique généralement une glande pinéale calcifiée.

Une glande pinéale calcifiée peut également affecter la santé mentale et au bien-être d'une personne. Dans ce cas, une personne peut souffrir de dépression, de sautes d'humeur, d'une incapacité à se concentrer pendant une période de temps significative et d'une capacité réduite à apprendre de nouveaux concepts. De plus, une glande pinéale gravement calcifiée peut amener une personne à se désorienter facilement et même à lutter contre sa perception de la réalité elle-même. Ces symptômes sont similaires aux effets secondaires de médicaments puissants, ce qui est compréhensible puisque la production de mélatonine est considérablement réduite lorsque la glande pinéale se calcifie, tout comme elle l'est lorsqu'elle est affectée de certains médicaments.

Enfin, il y a les symptômes qui affectent la santé et le bien-être spirituels d'une personne. Il s'agit notamment d'une réduction significative de l'intuition, des rêves inhibés ou perturbants, d'un manque d'imagination et de créativité et d'un sentiment général de décalage avec son moi intérieur. Toutes ces choses peuvent provoquer un sentiment d'éloignement avec le monde spirituel, ce qui peut conduire une grave crise de foi et d'identité.

Causes de la calcification

Heureusement, les causes de la calcification ont été identifiées grâce à une série d'études, de tests et de recherches approfondies. La mauvaise nouvelle est que la plupart des causes se trouvent dans les activités et les environnements quotidiens, ce qui les rend difficiles à éviter complètement. Toutefois, une fois que vous connaissez les causes, vous pouvez faire un effort pour vous protéger autant que possible. Même réduire les causes de moitié peut déjà suffire à faire une différence significative dans le processus de calcification.

L'une des principales causes de la calcification est le fluorure. En effet, le fluorure est attiré par les environnements riches en calcium tels que la glande pinéale. La combinaison de minéraux provoque l'accumulation de dépôts de cristaux qui recouvrent et durcissent la glande pinéale. L'eau du robinet est généralement riche en fluorure, ce qui en fait un véritable danger pour la santé de la glande pinéale. De plus, la plupart des types de dentifrice contiennent des niveaux élevés de fluorure, ce qui aggrave encore ce problème.

Les suppléments minéraux peuvent également contribuer à la calcification de la glande pinéale. C'est particulièrement vrai dans le cas des suppléments de calcium. Bien que le calcium en lui-même ne soit pas nocif, il n'est sans danger que sous sa forme naturelle, comme dans les fruits, les légumes et les produits laitiers. Chaque fois que des minéraux sont absorbés sous forme de suppléments, le corps est incapable de les traiter efficacement, ce qui permet la formation de dépôts minéraux.

Enfin, il y a le problème des aliments transformés. La plupart de ces aliments transformés contiennent des niveaux élevés de produits chimiques et de conservateurs que le corps ne peut pas décomposer et traiter. Cela est logique car ces mêmes produits chimiques et conservateurs sont utilisés pour empêcher les aliments d'être décomposés par les bactéries, les moisissures et autres. Comme le corps parvient pas à traiter ces produits chimiques, ils ont tendance à s'accumuler dans le corps, formant des dépôts toxiques partout. La glande pinéale est une zone privilégiée où se forment une grande partie de ces dépôts, ce qui entraîne une calcification et un durcissement général de la glande.

Méthodes de décalcification

Heureusement, il existe de nombreuses façons simples de contrer l'impact de la calcification et même d'en inverser les effets. La méthode principale est la plus évidente : éviter les éléments qui causent le plus de dommages. Dans le cas du fluor, vous devez boire de l'eau purifiée aussi souvent que possible. Cela ne signifie pas nécessairement que vous devez acheter de l'eau en bouteille ; vous pouvez plutôt utiliser un purificateur d'eau spécialisé dans le filtrage des minéraux, y compris le fluor. De plus, vous pouvez rechercher un dentifrice contenant des niveaux de fluor plus faibles. Cependant, comme vous n'ingérez pas de dentifrice, ce n'est pas un problème majeur.

Réduire l'utilisation de suppléments de vitamines et de minéraux est un autre moyen sûr de ralentir et d'inverser le processus de calcification. La meilleure façon d'introduire des vitamines et des minéraux dans votre corps est de manger des aliments qui en sont riches. Beaucoup de fruits, de légumes, de produits laitiers et de légumineuses fourniront tous les nutriments dont votre corps a besoin de manière sûre, naturelle et saine. De plus, de nombreux légumes verts à feuilles peuvent réellement aider à détoxifier le corps, en éliminant les accumulations de minéraux, y compris la calcification de la glande pinéale.

D'autres méthodes de détoxification de la glande pinéale incluent l'utilisation d'huiles naturelles et d'aliments sains. L'herbe de blé et la chlorophylle sont deux des ingrédients les plus efficaces pour ce processus. En ajoutant des aliments riches en chlorophylle tels que les légumes à feuilles et les légumes verts à votre alimentation, vous pouvez détoxifier votre corps et votre esprit, augmentant ainsi votre santé et votre bien-être général de manière significative.

Chapitre 7: Méthodes holistiques pour détoxifier la glande pinéale

Bien que la calcification soit peut-être la cause principale du mauvais fonctionnement de la glande pinéale, de nombreuses autres toxines peuvent nuire à la santé de la glande pinéale. Ces toxines sont omniprésentes, ce qui signifie que la personne moyenne y est souvent exposée de manière trop régulière. Ce livre a déjà abordé certains de ces dangers, ainsi que des méthodes pour les éviter et même inverser leurs effets. Ce chapitre concentrera sur certaines des méthodes les plus holistiques de détoxification de la glande pinéale, la rétablissant ainsi à des niveaux de fonctionnement optimaux.

Yoga et autres exercices

Presque tous les livres sur la santé et la forme physique vous diront qu'en plus d'une alimentation saine, il est essentiel de faire suffisamment d'exercice dans votre routine quotidienne. La plupart des gens pensent que l'exercice est censé aider à perdre du poids et à développer les muscles. Bien que ces effets soient positifs, la conséquence la plus importante de l'exercice quotidien est l'amélioration du flux sanguin et de l'oxygène. Ces deux éléments travaillent de concert pour augmenter les niveaux d'énergie dans le corps et l'esprit. Des études ont montré qu'une augmentation du flux sanguin et de l'oxygène a un impact direct sur le cerveau et toutes les fonctions qui lui sont associées. Étant donné que la glande pinéale se trouve dans le cerveau, elle bénéficie également grandement d'un exercice régulier.

Vous n'avez pas besoin de commencer à soulever des poids ou à courir 16 km par jour pour obtenir ces résultats. Au contraire, certains des exercices les moins exigeants peuvent en fait être les meilleurs pour améliorer la circulation sanguine et l'oxygénation dans tout le corps. Le yoga, par exemple, est l'un de ces exercices. En se concentrant sur les alignements corporels appropriés, ainsi que sur la respiration profonde, le yoga améliore considérablement la circulation et la respiration d'une personne. De plus, les positions qui obligent une personne à se mettre la tête en bas aident à envoyer de plus grandes quantités de sang riche en oxygène au cerveau, ce qui contribue à améliorer ses performances.

D'autres exercices qui aident à éliminer les toxines en améliorant la circulation sanguine et l'oxygénation comprennent la marche rapide, le jogging et tout autre exercice qui entraîne une augmentation de la respiration et du rythme cardiaque. Encore une fois, il ne s'agit pas de s'entraîner pour les Jeux olympiques ; mais plutôt de s'assurer que votre sang circule afin d'apporter de l'oxygène à vos organes, muscles et glandes. De plus, cette augmentation du flux sanguin contribuera à éliminer de nombreuses toxines qui, autrement, persisteraient dans votre organisme.

Additifs alimentaires

Certains additifs alimentaires contiennent des éléments qui leur permettent d'éliminer les toxines de l'organisme. Ils peuvent être consommés seuls ou utilisés comme ingrédients dans un régime alimentaire normal. En augmentant votre consommation de ces additifs, vous contribuerez à éliminer toutes les toxines de toutes les parties de votre corps, et pas seulement de votre glande pinéale.

- **Cacao cru :** Le cacao cru est l'ingrédient de base du chocolat. Il contient des niveaux élevés d'antioxydants qui aident à éliminer de nombreuses toxines du corps. Lorsqu'il est consommé seul, il fournit une dose concentrée d'antioxydants qui peuvent aider à clarifier l'esprit ainsi qu'à éliminer les déchets indésirables du système. Bon marché et facile à trouver, c'est l'un des aliments les plus recommandés à des fins de détoxification.

- **Vinaigre de cidre de pomme cru :** Le vinaigre de cidre de pomme cru facilite le processus de digestion, aidant le corps à traiter les aliments plus efficacement. Il en résulte moins de déchets dans le corps une fois les aliments dépouillés de leurs nutriments et de leur contenu énergétique. L'acide malique présent dans le vinaigre de cidre de pomme se trouve également dans les fruits qui ont un goût aigre. Il est important de vous assurer que le vinaigre de cidre de pomme soit cru afin d'obtenir les meilleurs résultats. De plus, n'achetez du vinaigre de cidre de pomme que dans des récipients en verre, car cela élimine les toxines provenant des récipients en plastique.

- **Iode :** L'iode est naturellement présent dans les aliments tels que le chou frisé, les algues et certains fruits de mer comme les crevettes, la morue et le thon. La principale fonction de l'iode est de nettoyer le corps du fluorure de sodium, le type de fluorure ajouté à l'eau du robinet. Comme mentionné précédemment, le fluorure présent dans l'eau du robinet est l'un des principaux composants responsables de la calcification de la glande pinéale. Par conséquent, un régime alimentaire riche en iode aidera à inverser les effets de la calcification, rétablissant ainsi la glande pinéale à un état physique optimal.

Couleurs, arômes et cristaux

Enfin, il existe des méthodes de nettoyage détoxification qui utilisent les couleurs, les arômes et les cristaux. Ces méthodes se concentrent davantage sur le côté spirituel de la détoxification que sur le côté physique. Encore une fois, puisque la glande pinéale est la passerelle entre les mondes physique et spirituel, il est logique que vous puissiez aborder la détoxification dans l'une ou l'autre direction.

- **Couleur :** La plupart des gens n'associent pas la couleur à l'amélioration de la santé physique. Cependant, les traditions anciennes, notamment la tradition hindoue des chakras, ont vu une corrélation très réelle entre les deux. Dans le cas de la tradition des chakras, la couleur associée à la glande pinéale, ou chakra du troisième œil, est l'indigo. Vous pouvez porter des vêtements de couleur indigo, peindre une pièce de votre maison ou simplement accrocher des rideaux ou un tableau qui apporte la couleur dont vous avez tant besoin dans votre vie. En vous concentrant sur cette couleur, vous pourrez augmenterez le flux d'énergie du chakra du troisième œil et restaurerez la santé et le bien-être de la glande pinéale.

- **Cristaux :** Les cristaux associés au chakra du troisième œil sont ceux qui sont de couleur indigo ou bleu/violet. Il s'agit notamment du saphir, de l'améthyste et du lapis-lazuli. Le port de l'un de ces cristaux augmentera le flux d'énergie du chakra du troisième œil en attirant l'énergie appropriée vers votre personne. Ces cristaux peuvent être considérés comme des conducteurs qui concentrent les énergies de guérison, rétablissant ainsi la santé et l'équilibre du chakra.

- **Huiles :** Vous pouvez également choisir d'utiliser des huiles aromatiques pour augmenter le flux d'énergie dans et autour du chakra du troisième œil. Les parfums associés à ce chakra comprennent le patchouli, le genévrier et le cyprès. Ces huiles peuvent être ajoutées à l'eau du bain pour créer une expérience apaisante qui équilibrera les énergies du chakra du troisième œil, ou elles peuvent être placées dans un brûleur pour se diffuser dans l'air, créant ainsi un environnement sain et équilibré. Dans le cas du genévrier et du cyprès, vous pouvez choisir de vous promener dans n'importe quelle zone boisée comportant des arbres à feuilles persistantes. Le parfum naturel de ces arbres aidera à rétablir l'équilibre du troisième œil, nettoyant ainsi la glande pinéale au passage.

Conclusion

Maintenant que vous avez lu ce livre, vous comprenez l'importance du rôle essentiel que joue la glande pinéale dans votre vie. Non seulement elle régule vos cycles de sommeil et de rêve, mais elle stabilise également votre humeur, influence vos niveaux d'énergie et vous procure clarté et acuité mentales. De plus, elle peut ouvrir votre esprit à la perspicacité spirituelle, à l'intuition et même à des expériences surnaturelles. En suivant les méthodes et les conseils contenus dans ce livre, vous pouvez améliorer et maintenir la santé de votre glande pinéale, assurant ainsi son fonctionnement. Par la suite, vous découvriez les merveilles d'une vie gouvernée par un troisième œil sain et dynamique, une vie aux possibilités illimitées !

Si vous avez apprécie ce livre, n'hésitez pas à laisser un avis positif sur Amazon.

Merci!

References

4 Things That Can Harm Your Pineal Gland. (2016, February 12). Tana Hoy.

Benefits of decalcifying/activating your Pineal Gland (Third Eye/Ajna Chakra). (2016, January 2). Decalcify Pineal Gland.

Chia, M. (2016, February 22). *10 Powerful Ancient Practices for Pineal Gland Activation*. Conscious Lifestyle Magazine.

How to Open Your Third Eye. (2020). Gaia.

López-Muñoz, F., Molina, J. D., Rubio, G., & Alamo, C. (2011). An historical view of the pineal gland and mental disorders. *Journal of Clinical Neuroscience, 18*(8), 1028–1037.

Pineal Gland Function: What You Should Know. (2017, April 7). Healthline.

The Potential Role of Melatonin on Mental Disorders: Insights from Physiology and Pharmacology. (2025). Omicsonline.org.

What is the Pineal Gland's Function and How to Amplify It. (2018, June 4). Mindbliss Meditation.

Yang, S. (2000, May 8). *The Power of Circadian Rhythms.* WebMD; WebMD.